杭州历史文化校本课程系列

寻找回家的路

杭州博物馆 / 主编

陈博君　陈卉缘/文字提供

中国儿童绘本原创基地　深圳阿凡丁网络科技有限公司/插画提供

ZHEJIANG UNIVERSITY PRESS
浙江大学出版社

前 言

东南形胜，三吴都会，钱塘自古繁华。

50000年前，建德人的脚步在这里迈开；8000年前，跨湖桥的先民在这里泛舟起航；5000年前，良渚文化在这里揭开文明的曙光；2200年前，秦始皇在这里设立县治；1400年前，湖山正式拥有了"杭州"这个传承千年的名字……

历史悠悠，岁月轮转。这片土地上曾经生活着怎样的人们？他们创造了怎样的文明？他们拥有过何等令人赞叹的作品？生活在现代的孩子们，又该如何寻找过去的记忆？《寻找回家的路》应运而生。

少年儿童是祖国的未来，《寻找回家的路》基于杭州博物馆现有馆藏文物，采用少年儿童喜闻乐见的形式，融合故事讲述、插画辅助、卡片拓展，串联起杭州历史上具有代表性意义的时间节点，带领孩子们一步步回望历史，寻找那些属于杭州的独家记忆。

溯昨日辉煌，启明日之程。我们希望，在本书的引领下，有更多的孩子能够了解杭州的历史文化，并在此基础上深入挖掘文物背后的故事，爱家乡，思故土，知杭州。

编委会

杜正贤　刘春蕙　余洪峰　邹　芬　黄　燕

王小冰　汤　洁　高　敏　俞　佳　高　嬿

阅读指南

　　本书是根据十多件文物设计而成的故事书，这些文物大多是杭州博物馆的精品馆藏。故事以游戏通关的形式展开，主人公小建每一次穿越，都必须在那个情境中找到一件指定的文物，并准确地叫出文物的名字，了解文物的故事，才能使回家的路越来越清晰。

　　小朋友们，赶紧来和小建一起试一试吧！文中标注*的器物在文后还有详细的说明信息哦。

故事开始了

50000年前，杭绍平原尚未形成，浩瀚的江水拍打着连绵的天目山脉。

在靠近今天建德市李家镇新桥村的地方，有一座乌龟山。山上有一个乌龟洞，洞里面生活着一群衣不蔽体的原始人——建德人。这群建德人的首领是一位三十岁左右的男子，他有一个活泼可爱的儿子，年方8岁，名叫杭小建。

一天，江潮猛涨，眼看就要淹没乌龟洞，杭小建的爸爸赶紧组织同伴们往山上撤离。这时，杭小建不慎脚下一滑，爸爸见状大叫一声，奋不顾身地扑过来，一把拽住小建，却不料嘴巴重重地磕到了一块凸起的岩石上。

杭小建只觉得一道细细的白光从爸爸的嘴里向自己射来，他下意识地伸手抓住那道白光，却发现是爸爸的一颗牙齿。

爸爸忍着剧痛将小建拉上了山崖，没想到自己脚下的石头却突然松动，一眨眼他竟滑下山崖，落入了波涛汹涌的江水之中。

"爸爸——"杭小建心里一急，手中紧握着爸爸的牙齿，想都没想就向江中扑去。

考古小博士

　　不知过了多久，小建慢慢地苏醒（sū xǐng）过来，他发现自己来到了一个非常陌生的地方，四周到处都是透明的柜子，里面摆放着很多古怪的东西。小建急得哭了起来："这是哪儿啊？我要回家！"

　　"你好，欢迎来到杭州博物馆！"突然，从玻璃柜后面钻出了一个和小建年龄相仿的小朋友。

　　"啊！"脸上还挂着泪珠的小建，被这个突然出现的小朋友吓得连退几步，"你，你，你是谁啊！"

　　"你好，欢迎来到杭州博物馆！"这位小朋友依旧木木地直视着前方，嘴巴咧成"标准"的微笑。

　　杭小建有些好奇起来，他怯生生地用食指戳（chuō）了戳对方藕节般的手臂："你到底是谁呀，怎么就只会说这句话呢？"

　　被小建戳了一下的小朋友立马就像活了过来似的，收起了一成不变的微笑，转头对小建热情地招呼起来："嗨，小建，我叫小博，是这里的考古小博士。"

　　"你，你怎么知道我的名字？！"杭小建惊讶极了，"我们这是在哪里啊？"

　　"这里是21世纪的中国杭州。距离你生活的时代有50000年。"小博眨了眨眼睛，"我不光知道你的名字，还知道你想回家，对不对？"

03

寻找回家的路

　　小建赶紧用力地点点头："我要回家，去找我的爸爸。他被江水冲走了，现在还不知道怎么样了呢？"

　　"别担心，你爸爸他不会有事的。"小博安慰道。

　　"可是这里好陌生呀，我该怎么找到回家的路呢？"小建焦急得又快哭啦。

　　"有我在呢！你忘了我是这里的考古小博士啦？让我来带你寻找回家的路吧。"小博轻轻地拍了拍小建的肩膀，笑嘻嘻地说道，"这个博物馆里收藏着许多文物，它们蕴含着古老而又神秘的力量，只要你能正确地读出文物背后的信息，它们就能像路标一样，一步一步地引导你找到回家之路！"

　　"那，那我该怎么找到这些路标呢？"小建下意识地攥起两个小拳头，紧紧地贴在胸前，期待着小博赶快给出答案。

　　可是，小博却神秘地眨了眨眼睛，俏皮地咧嘴一笑："这个嘛，就得靠你自己去发现了。"

　　"那我要是选错了，是不是就回不了家了啊？"小建挠着头。

　　"不要担心，我会在路上帮助你的！"小博挥了挥手中的小铲子，朝前方的展厅一指，"好啦，现在你去选一件文物吧。记住哦，用心去感受！"

良渚玉琮

"你的爸爸是个什么样的人？"小博问道。

小建傲然拍拍胸脯："我爸爸是整个部落的首领，是最勇敢、最有力量的人！"

"好，那你看看那个玉琮*怎么样？这玉琮是良渚人与上天沟通的法器，只有地位很高的人才能触碰。"小博对着屋子中央的一个玻璃展柜努了努嘴。

"玉琮？"小建顺着小博示意的方向望去，不知小博说的究竟是哪一件。

"就是那个外方内圆，中间凿空的玉石啊。"小博指着展柜里的一件器物说道。

"哦，你说的就是这个刻着眼睛和笑脸的石头啊。"小建的脸上顿时露出了失望的神色，"这不就是一块大灰石块嘛！"

"你可不要小看这些石块啊，它们叫作玉琮，都是良渚的器物呢。"小博用手抓了抓圆圆的后脑勺，把自己的渔夫帽顶得一耸一耸的。

"良渚是个什么地方啊？"小建翻了翻白眼。

"良渚位于杭州余杭，距离你的家乡不太远哦。良渚时期可是一个很了不起的时

代呢，距离现在已经有5000年了！"小博一本正经地望着小建，"这些刻在玉琮上的眼睛和笑脸，是神人兽面像，那可是良渚玉器的灵魂所在呢！"

"是嘛！"听小博这么一说，小建顿时觉得有一股敬意从心底涌起，他盯着玉琮，心里默默祈祷起来：玉琮啊玉琮，既然你能让良渚人与天沟通，那就请你发挥神力，带我回家，去见我的父亲吧！

"神啊！不要再将洪水降于良渚了——"正当小建沉浸在自己的念头中时，忽然一个凄凉而又陌生的声音在他耳边响起。

小建睁开眼，惊讶地发现自己竟蹲在树丛里："这是哪儿？那个人又在方方的土堆上鬼叫什么啊？"

"嘘，别叫！"小博赶紧捂住小建的嘴，"我们现在是在人家的祭坛旁边，这里是禁地，被大祭司发现就糟糕了！"

可眼前的一切，对于小建来说实在太新奇了，他虽然压低了声音，但还是没法抑制住自己的好奇："你说的大祭司是什么呀？"

小博伸出食指点住小建的脑袋："大祭司，就是那个在土台上主持祭祀的人。"

"咦，他手里拿的不就是玉琮吗？"小建一眼瞥到了大祭司手中的玉琮，不禁又失望地大叫起来，"那就是说，我们现在是在良渚咯？看来我们来错地方了，这里根本不是我的家！"

小博用力地瞪了小建一眼，小建立马用手捂住了自己的嘴。

好在良渚人并没有发现他们，因为祭祀活动被一个突然闯进来的男人打断了。

闯祭坛的男人

　　"大祭司，你口口声声说用玉璧和玉琮来祭祀天地，神灵会收回对我们的惩罚(chéng fá)，那为什么洪水仍旧泛滥(fàn làn)，我们的家园仍旧被冲毁(huǐ)？！"那男人一边喊着，一边试图冲上祭台。

　　手握玉琮的大祭司背对着人群停下了动作，祭台周围的人立刻涌(yǒng)上前，抓住那个男人："你这个低贱(dī jiàn)的下民，大祭司仁慈(rén cí)，容你一次一次闹事，你就别在这儿纠缠不清(jiū chán bù qīng)了，回家种你的地去吧！"

　　"慢着——"气度不凡的大祭司转过身，走到男人跟前，居高临下(jū gāo lín xià)地说道："你，多次来打扰(dǎ rǎo)祭祀大典，究竟为何这样仇视(chóu shì)神灵？"

　　男人甩开那些抓着自己的手，挺起胸膛(xiōngtáng)上前一步说："大祭司，大家都知道，早在2000多年前，跨湖桥先民就已经发明了独木舟，使人能够在水上自由来去。而今，我们伟大的王又建造起

11

　　城郭，使大家安居乐业。这说明，我们只要肯努力，是可以靠自己的力量克服各种困难的！"

　　大祭司低下头，望着台下的男人："所以你觉得，你可以解决洪水之患（huàn）？"

　　男人将头颅（lú）抬得更高："不，我并没有觉得凭我一个人的力量，就可以解决洪水问题。但是我相信，只要大家齐心协力，就一定可以战胜洪水！"

　　"怎么战胜？"大祭司眉头微微一皱（zhòu）。

　　"大祭司，一直以来，我们面对洪水都是采取筑坝（zhù bà）围堵的办法。但是长此下去，积水就会越来越多，一旦连降暴雨，洪水就会冲垮（kuǎ）堤坝，侵（qīn）害我们的家园……

　　"但是，如果我们在城郭的外围开挖几条河道，就可以将洪水引入河中，这样既可解决洪水之灾，又可保护城池、灌溉农田，还能将砍伐的木材运送到城边……"

男人滔滔不绝的演讲竟然吸引住了大家，有些人还不禁频频点头。

"但是开挖河道非同小可，需要耗费大量的人力物力啊。"大祭司渐渐舒开眉头，他眯起眼，打量着眼前这个男人。

"没错，这项工程必须尽全城之力才可能完成，但我区区一个下民，无法面见吾王，只能多次冒犯来闯祭坛，就是想恳请尊贵的大祭司能够替小民向王转达想法。"男人说完，便虔诚地跪在了祭台边，"小民并非不尊重神灵，相信神灵若能看到我们自强不息，必定会更为怜惜我族，不忍再降大难啊。"

大祭司十分动容，走下祭台扶起男人："你的建议我一定转告给王，希望神灵也庇佑你这样勇敢智慧之人。"

众人散去之后，杭小建忽然感到一阵空落，想到自己仍然还没找到回家的路，又难过得低下了头："他们都回家了，可是，我该怎么回家呀？"

"嘿，你看大祭司手上的那个玉镯！"小博望着走下祭台正要离去的大祭司，忽然惊喜地轻喊起来，"那也是杭州博物馆的珍贵藏品哎！"

"真的吗？"小建将信将疑地盯住大祭司手腕上的宽环带状玉镯*，心中充满期望地默念起来：玉镯啊玉镯，请你发挥神力，带我回家吧！

玉镯散发着温润的光泽，杭小建不禁痴痴地笑了起来："爸爸，我要回家啦！"

越魂不死水晶杯

  不知不觉中，杭小建发现自己和小博竟已来到一个用茅草和树干搭成的简易棚子里，四周是不绝于耳的叮叮当当声。棚子里的匠人们正投入地忙碌着，根本就没人来理会这两个突然出现的小男孩。

  "怎么不可能！"一个洪亮的声音突然在身后响起，小建和小博吓了一跳，赶忙回身一望，原来说这话的是一个挽起袖子的大汉，他的手中正捧着一块中间半镂空的柱形水晶。

  "我也没说不可能。但是这水晶坚硬无比，而且怕火，很难控制形状，琢磨起来多么费力啊。"大汉身旁一个年纪略长、身材瘦小的男人叹息着说，"你一个堂堂的越国兵器锻造高手，却窝在这小小的作坊里捣鼓一块破水晶，究竟是为什么呀？还是放弃吧，不如跟我学做瓷乐器来得轻松实惠！"

大汉眉头紧锁："不行，这是先王交代下来的活儿，我不能放弃。"

"先王？唉！咱越国都已经被楚国占领了，现在楚国的王才是我们的王啊。"瘦小的男人苦着脸。

"兵器铸^{zhù}得再坚韧^{jiān rèn}锋利，又有何用处？我们不还是保卫不了家园！"大汉摇摇头，垂首抚摸着手里的水晶，"想当年，吴越争霸，越国虽一度沦入吴国之手，但后来越国人自强不息^{zì qiáng bù xī}，不又将此地收复？若是我能有毅力以如此坚硬的水晶为原料，磨制出一件令世人惊艳的作品，四面八方定能感受到我等复国的决心，我也要令众人知道，越国虽灭，但越魂不死！"

小个子男人摇摇头，转身忙自己的活儿去了。

"哇，那是我们博物馆的镇馆之宝——战国水晶杯*哎！所以说，这回我们是来到战国了……"小博感叹，"真没想到，经历了这么多战火纷争，这里的百姓还是如此倔强^{jué jiàng}！"

"刚才那小个子男人说他接到了一个制作什么瓷乐器的大活儿？"小建咬着手指好奇地问，"那是什么东西呀？"

小博感觉自己一时也说不清楚，干脆建议道："要不我们去看看？"话音未落，他就拉着小建冲出草棚，向小个子男人离开的方向追去。

原始瓷甬钟
yǒng zhōng

不远处又是一条巷子，那青黛色的墙砖使小巷显得格外沧桑，破败不堪的路面上，到处都是坑坑洼洼的积水，小建动作敏捷地跳过了几个水坑，而小博就没这么好的身手了，他紧贴着墙根，战战兢兢地走过那段泥泞的小路。

两个小家伙终于走到了巷口，他们一上一下探出两个小脑袋，朝巷子外好奇地张望。

"就是这儿，就是这儿了！"小博有些兴奋。

小建眨眨眼睛："原来做瓷的地方离那个铁匠作坊这么近啊！"

"那可不，在战国年代，手艺人地位都不高，所以大多都集中在一片地方生活。"小博一边说，一边仔细地观察里面的情况，"而且，战国时期的瓷器制作水平还不太高，那些瓷器不能和真正的瓷器相提并论，所以只能叫原始瓷，就是比较原始的瓷器。"

"我们直接进去吧，反正刚才都没人来注意我们。"小建大大咧咧地就想往里走，却被小博一把拉住。

"哎哎，你给我回来！"小博压低了嗓音，"这原始瓷礼乐器是贵族才能享用的东西，可不能像刚才那么随便了。"

"哦，"小建停下脚步，"你看，那人捧着一个什么东西，往那边的大房子去了，看

样子挺小心的。"

"那儿应该就是库房了！走，我们去看看。"小博拉着小建，快速绕到大房间的后面，找了一个窗口翻了进去。

"哇，这里有好多奇形怪状的土块，都是做什么用的啊？"率先翻进去的小建好奇地四处打量。

"这些就是原始瓷礼乐器啦。"后翻进来的小博拍打着身上的尘土。

小建微微蹙^{cù}起眉头："这些东西怎么这么像我们常玩的干泥巴呀？"

"哈哈，你学习得还真快！"小博竖起大拇指说，"它们的确是用泥土做的。"

"哦——"似懂非懂^{sì dǒng fēi dǒng}的小建其实无心钻研这些原始瓷镈^{cí bó}*和甬钟是怎么从泥土变成现在的样子的，他更关心的是能够引导自己回家的东西在哪里。

小博倒也挺善解人意："好啦，我知道现在你没心思关心这些的啦！让我们找找看，这里有没有我们博物馆的藏品。"

"好，好，那你赶紧找吧！"小建的眼里闪出了期盼的光芒。

小博四下里搜寻了一番，忽然指着墙角一个外表毛糙^{máo cāo}的器物喊道："嘿，这不就是嘛，真是踏破铁鞋无觅处^{tà pò tiě xié wú mì chù}，得来全不费功夫^{dé lái quán bù fèi gōng fu}啊！"

"你说的就是那个模样怪怪的黄土疙瘩吗？"小建一副难以置信的样子。

"你可别小看了这块黄土疙瘩哦！"小博得意地甩甩脑袋，"这可是一尊战国原始瓷甬钟*，杭州博物馆的精品文物呢！"

两个孩子正聊得起劲，忽然从门外传来沉重而凌乱的脚步声。原来，外面的匠人听到库房里有动静，以为来了贼人，抄着家伙正准备进来捉贼呢。

喀喇——喀喇——铁家伙与地面摩擦的尖锐声音阵阵逼近，小博和小建顿时紧张起来。

瓷甬钟啊，快带我们离开这个地方！小建的心扑通扑通地快要跳出胸膛啦。

"快跑！"小博一把托起小建，把他从那扇他们翻进来的窗户中推了出去。

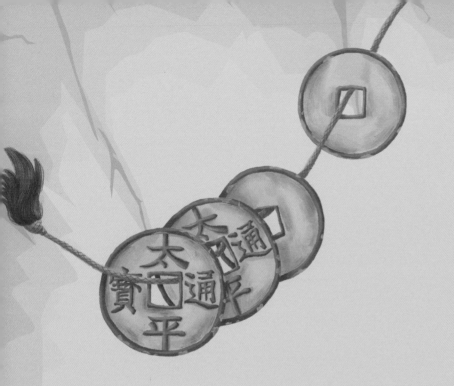

北宋杭州城

杭小建再次从地上爬起来，发现自己和小博已站在了另一条窄窄的巷道里。他抬头朝四周望望，只见两边全是用一块块方正的黑石头垒砌起来的"石壁"。小建心想，这回，沿着这高高的石壁一直走出通道，总应该可以到家了吧？

寻找回家的路

　　两个孩子一前一后跑出那条胡同，来到了一条繁华的街上。望着街道上车水马龙，还有正在不断叫卖货物的小贩们，杭小建一下子愣住了，他从来都没有见到过这么热闹的景象。

　　"这里，是北宋的杭州城了！"小博朝四周看了看，很有把握地说道。他拉了拉小建的衣袖："你看，路上那些站在小架子后面的是小商贩，大家正在用通宝钱向他们购买物品呢，吃的、穿的、用的都有。喏，你看那个青衣女子，她手上那个圆圆的铜片就是通宝钱*……"

　　"别挡住我！"小建打断小博的话，用眼角的余光斜视着前方，小声地说道，"我在跟着前面那个人。"

　　"谁？你在跟踪谁？！"小博难以置信地瞪大了小小的眼珠。

　　"喏，就是刚才你说的那个什么，女子？"

　　"青色衣服的那个？没事去跟踪人家干吗呀？"小博不解地问道。

　　"我刚才看到她用那个什么通宝钱，在摊子上换了一枚银色的蝴蝶，就和我在你们博物馆的玻璃罩子里看到的东西一模一样！"

　　"银色蝴蝶？"小博快速地在大脑中搜索出了馆里的藏品，"你可以啊！我们博物馆里确实是有一枚银制折页式对蝶，可我记得那应该是放在一个定窑白瓷扣银粉盒*里的啊。"

　　"好吧，那我们就跟上去看看吧！"小博拉起小建就走。

银蝴蝶与白瓷粉盒

他们一路跟着青衣女子，来到了一处有两个威风凛凛的武官把守着大门的宅邸。眼看着青衣女子进了门，小建直冲冲地就想跟上去，却被小博一把拦住。

"我们这边走。"小博给小建使了个眼色，然后朝着停在门旁小巷子里的一辆运菜车走去。两人蹑手蹑脚地躲上运菜车，成功地混进了大宅子里。

只见青衣女子款款来到一间屋子前，窗外正好有一丛茂密的灌木，小建和小博赶紧躲了过去，竖起耳朵细听着屋内的动静。

"老爷，你看我把之前当掉的蝴蝶香囊给赎回来了！"青衣女子一进屋子就拍着腰间开心地说道。

"太好了！真快啊，转眼都十六年啦。"屋内一位中年男子感叹道，"夫人，你知道吗？苏知州已经下令，又要开始疏浚西湖了！"

青衣女子脸色一变道："老爷，十六年前苏大人提议重修六井，没想到才开始施工他就被调走了，是您苦撑大局，把我们家里值钱的东西都给变卖了。现在他又要疏浚西湖，那可是更加浩大的工程啊，岂是一般的人能够调度的，若是他再一走了之……"

"当年苏大人离开，也是身不由己啊。如今他已身居杭州知州之职，境况非同当年了！西湖湖底杂草淤塞，面临湮废。一旦西湖湮废，不但沿湖的千顷良田会失去灌溉水源，与之相通的运河交通也

22

会阻断，损失将不可估量啊。苏大人再次来任即想到要疏浚西湖，我等理应全力支持才是。"

小建听得云里雾里。

"他们在说西湖疏浚的事呢。"小博轻声告诉小建，"西湖自古就是杭州城的重要水源，所以大家都很重视保护西湖。唐朝有李泌开挖六井，把西湖水引入井里，解决居民饮咸水之苦；后来的白居易又对西湖加以疏浚修缮，还有吴越王钱镠在钱塘江沿岸修筑捍海石塘，杭州才得以稳固发展。可是现在钱江潮水倒灌，西湖淤塞严重，所以杭州的知州苏东坡又要发动大家疏浚西湖了。"

透过窗户，小建和小博隐约看到那女子低头长叹一声，解下了系在腰间的那枚银色蝴蝶，然后转身打开一个梳妆柜，从里面拿出所有的首饰，一起放在了男子的面前。"这是我这些年积攒的全部金银细软了，包括这枚我们成婚时的定亲信物，你都一并拿去吧。"那女子抚摸着银蝴蝶，眼中已经含满了泪水。

男人走近女子身边，从柜中取出一只白瓷粉盒。

"那就是我们馆里的宋代定窑白瓷扣银粉盒！"眼尖的小博激动得声音微微发颤。

"夫人，你的心意我都知道。"只见那男人将银蝴蝶轻轻地放进白瓷粉盒，小心合上后，温柔地放入了女子的手中，"相信我，这一次，一定不会再像上次那样了。苏知州已经向朝廷呈上奏折，疏浚西湖的费用很快就能落实了！"

瓷盒啊瓷盒！小建双眼紧紧地盯住白瓷粉盒又默念起来：请你发挥神力，带我回家吧！

小舟上的争执

当小建和小博再次落地时，他们立即就被眼前的风景吸引住了。

离石滩不远处是一条 澄澈的江河，缓缓流淌的江水与两岸青翠

秀丽的山色交相辉映；远处山间，隐约散落着几户人家；江面上，

一叶扁舟正在慢慢悠悠地漂荡着。

"好美的地方啊！"小建一下子觉得心情又开朗起来。

"这可是<ruby>鼎鼎有名<rt>dǐng dǐng yǒu míng</rt></ruby>的富春江啊，你看那<ruby>黛山绿水<rt>dài shān lù shuǐ</rt></ruby>，不知吸引了多少<ruby>文人墨客<rt>wén rén mò kè</rt></ruby>呢！"

远处的那叶扁舟渐渐漂近，船上传来两人的争论声。小建和小博好奇地朝船上张望，却见船帘是垂下的，只能隐约看到有两个人的<ruby>轮廓<rt>lún kuò</rt></ruby>。

一个瘦高的身影说道："张兄，你那五代十国的瓯窑刻花莲花小罐虽然精致，但年代却不及我的<ruby>隋代<rt>suí dài</rt></ruby>越窑<ruby>青釉<rt>qīng yòu</rt></ruby>四系盘口瓷壶*啊！"

"李兄，这物件岂是年代越久远越好？"另一矮胖的身影却反驳，"杭州何时被定为都城？除了南宋，就是唐末五代十国时期的吴越国了，要不是吴越王钱镠修建捍海石塘，哪有杭州如今这一方的安乐繁荣？所以那时的物件，才更值得收藏啊！"

　　瘦高男子毫不示弱："没错，钱镠确实功高。但杭州之域从何时而定？是秦而非吴越啊！秦始皇统一天下，设立郡县制，在灵隐山麓设县治，称钱唐，为杭州伊始……"

　　"我们这样争论下去，怕是到天黑都争不出个高低来。"矮胖男子似乎想到了什么，忽然向四周张望，"不如让别人来评一评，看谁的器物更值钱。"

　　那矮胖男人指着远处的岸上说："你看，那边不是有一位正在作画的白发老翁？看起来颇有些仙风道骨，不如我们去请教一下那位长者，听听他的想法。"

层峦秋色图

两人说罢，就动身下了小船。

他们来到白发老翁跟前说明了来意，谁知那老翁只是轻轻抬了抬头，看看眼前的山水，又继续埋头作画，根本没有理会他们。

瘦高男子正想发火，矮胖男子拦住了他，从腰间摸出一个沉甸甸_{chén diàn diàn}的钱袋，在老翁面前晃_{huàng}了晃："大爷，你就帮我们去品鉴一下，我们不会亏待你的！"_{kuī dài}

那老翁闻言却依旧无动于衷。_{wú dòng yú zhōng}

"二位公子，请看我手中这画，如何呀？"良久，白头发老翁终于开了口。

刚才已将市井之气暴露无遗的那两人，瞥_{piē}了瞥老翁的画，装模作样_{zhuāng mú zuò yàng}地说道："嗯，画面还凑合，但是这执笔起落都看不出来，而且画的不过是面前这些山水，毫无新意。"

老翁捋_{lǚ}着胡子大笑起来："哈哈哈哈哈，二位公子有如此见地，难得！难得！可见老夫的造诣还不高，不够品鉴二位公子的珍宝。"

见老翁起身收拾东西准备离去，两人牛哄哄地说道："老翁，你叫什么名字，日后我们要是再见，必会给你三分薄面。"

"不必了！那幅画就送给二位公子，权当是不能帮你们品鉴的歉意啦！哈哈哈——"白发老翁说着，放声大笑。

两人拾起画，看到画上的落款，惊得失声念了出来："蓝瑛(yīng)！"

"这个蓝瑛是谁啊？怎么一看到他的名字，那两个人的脸色都变了？"小建充满了疑惑。

"蓝瑛呀，他可是明代杰出的山水画家，是'武林画派'的创始人哦。"小博表情夸张地说道，"我们博物馆收藏着他的《层峦(luán)秋色图》*，那是他在73岁高龄时画的呢，可见他的功力有多深厚！"

"啊，那这两个人，真的是错过了一个向高人讨教的好机会呢！"看着那两个失魂落魄(shī hún luò pò)的男人，小建不禁替他们感到惋惜(wǎn xī)。

"是啊，不过，我们可不能错过他们。"小博指指两个男人。

"什么意思？"小建一头雾水。

"你看那个瘦高个儿的腰带上，那块刻着人物和狮子的玉牌。"小博激动地说，"那是我们博物馆的珍贵藏品——人物狮子灰青玉嵌镶(qiànxiāng)牌*！"

小建向前望去，果然看到那个男人的身上佩带着一块非常漂亮的玉牌。可奇怪的是，他还没有开口请求玉牌带他回家呢，眼皮却变得越来越沉重，不一会儿竟沉沉地睡着了。

茅以升和钱塘江大桥

当小建再次清醒过来时，耳边依旧是哗哗的水声，但这里的水面更宽，水流是浑浊汹涌的。远处的山间是成片黑压压的房屋，还有沿河修筑的道路。

没错，这里仍旧不是小建的家。不过这次，他什么也没说，更没有哭闹，他只是呆呆地看着远方，眼神里满是落寞。

小博偷偷地瞥了小建一眼，心里也挺不是滋味，却也只好故意大声地说道："哇哦！我们到民国时期的钱塘江边了，小建你看，那个高高的是六和塔，还有水面上那座横跨两岸的，是钱塘江大桥，这是我们国家第一座自行设计建造的铁路公路两用双层大桥哎！"

31

小建却忽然抬起头，深深地吸了一口气："那边那些人为什么拿着细细的树枝往桥上捆啊？"

"细细的树枝？"小博顺着小建指的方向望去，"啊，那是引线！快躲起来，要爆炸了！"说着拉起小建就要往岸上跑。

"茅工啊，真的要炸(zhà)吗，就没有别的办法了吗？"岸边石堆后忽然传出一个焦急的说话声。

这时他俩才发现，一个穿着长棉袍的中年男人正背着双手，站在堤(dī)岸(àn)上仰头望着大桥，眼里满是悲壮的神色："小鲁啊，你还记得，我们是什么时候开始造它的吗？"

躲在石堆后面的小伙儿点点头："当然记得啊，1934年8月8日，您特意放下北洋大学手头的工作，冒着酷(kù)暑(shǔ)来这里主持大局。"

"这都三个年头了。"那身穿长棉袍的男人长叹一声，嘴边呼出了一道长长的白气。

"哇，那是茅以升教授，钱塘江大桥之父哎！"小博兴奋地对小建说。

"茅工，我们为了建造这座桥，耗(hào)费(fèi)了多大心力啊，光是打桩，就不知道失败了多少次，最终您还是带着大家把它建成了。可这才投入使用还不到三个月啊，就要……"小伙儿低下头，抹起了眼泪。

茅以升哽(gěng)咽(yè)了，他放下绞在后背的双手："我早料到有此一遭啊，但没想到居然来得这么快。"

小伙儿从石堆后走了出来，语气中有些埋(mán)怨(yuàn)："造桥之时，茅工您就有毁(huǐ)它之意了吧？否则为何要留那大洞……"

寻找回家的路

　　"这大桥就像是我自己的孩子，我怎么舍得毁掉它啊！但是国难当前，上海已经沦陷（lún xiàn），我们若是不当机立断，杭州必定也会落入日寇（rì kòu）之手。到那时，我们惋惜（wǎn xī）的，何止这一座桥呢。"停顿了片刻，茅以升又说，"当年开始造桥时，母亲曾对我说，唐僧取经，要历经九九八十一难。越是珍贵的东西，越会经历更多磨难。所以，不论多苦，只要我们坚持，总能迎来甘甜之时。"

　　小伙儿听了，擦擦眼泪，重重地点了点头。

　　茅以升望着眼前宏伟的大桥，长叹了一口气，终于下达了最后的炸桥命令。

　　随着轰隆隆（hōng lōng lōng）的爆破声，茅以升嘴里默念（mò niàn）："抗战必胜，此桥必复！"

尾 声

听了茅以升说的话，小建眼里噙满了泪水。曾经，父亲也是这样激励自己，不管在成长的过程中遇到多少困难，父亲始终用他温暖强壮的双臂保护着他，现在虽然父亲不在身边，但他的谆谆教诲，依旧萦绕在小建心头。

小建掏出一直珍藏在胸口的那颗父亲的牙齿，激动地对小博说："小博，我知道了！家人的爱，是世界上最温暖、最强大的力量，我之前都只是想着家，但是我的心并没有去真切体会这股力量。我相信，这一次我一定能够顺利回家！"

"嘿嘿，恭喜你啊，终于找到了回家的路！"小博冲着小建眨巴着眼睛，脸上挂着神秘的笑容，"这条路，要你自己真正找到才有意义呀。好啦，我也要回去啦，如果你想我了，欢迎再到杭州博物馆来找我哦。"小博眨眨眼睛，忽然就消失了。

再见啦，可爱的小博士。小建低下头，望着手中的牙齿默念起来：牙齿牙齿，快带我回家，回到爸爸身边吧！

感受着那颗建德人牙齿传入手心的温度，杭小建激动地闭上了双眼……

故事里的宝贝

yù cóng
玉琮

玉琮在很多地方都有出土，但良渚文化中的玉琮最有代表性，且存世数量很大。从外观看，良渚玉琮是黄白色或者青白色的，呈现外方内圆、上大下小的形状，表面刻有非常细密的线条，每条棱上还刻有兽面纹。这些刻在良渚玉琮上的眼睛和笑脸被叫作神人兽面纹，其中最细的线条，1毫米里竟然有3条，只有借助放大镜才能看得清楚。良渚玉琮大多被发现于墓葬中，每个玉琮的形状和上面刻画的兽面纹基本上是相同的，但每个玉琮的高矮、大小都有差别。

kuān huán dài zhuàng yù zhuó
宽环带状玉镯

1987年出土于良渚瑶山遗址，
属于新石器时代良渚文化产物。这
件玉镯高2.3厘米，直径7厘米，孔径
5.7厘米，呈宽环带状，内孔壁略微
凸起呈弧形，外壁平直。由于玉的
硬度较大，所以玉琮、玉璧、玉镯
等玉器主要采用两面钻孔的方法制
作，之后再经过加工打磨。良渚玉
器是人神沟通的载体，这件玉镯可
能也是一件法器。

战国水晶杯

zhàn guó shuǐ jīng bēi

1990年出土于杭州半山石塘镇一个战国时期的墓葬中，高15.4厘米，通体透光，口大底小，底部厚实的地方呈现明显的淡黄色。别看战国水晶杯造型现代，非常像家里的玻璃杯，其实它是用一整块优质天然水晶打磨而成的，非常稀有，而且已经有2000多年的历史了，是我国首批64件禁止出国展览的国宝级文物之一呢。水晶杯杯身和底部都有少量海绵状的物体，这是水晶的自然结晶，完全不同于玻璃制品。由于水晶的硬度很高，而且遇热易碎，这个水晶杯的制作方法至今还是个未解之谜。

yuán shǐ cí bó
原始瓷镈

镈，也称镈钟，是古代一种大型单体打击乐器，通常用青铜铸造。镈钟形制很像编钟，只是钟身为平口，顶部有钮，可以单独悬挂在钟悬上进行演奏，而编钟通常都是成组成套进行演奏的。这套镈钟由原始瓷制作而成，由多个合成一组，应为陪葬用的礼器。

原始瓷镈高15~16厘米，宽13~15厘米，每个镈钟大小略有差别，顶部都有环形的钮，表面平直，刻画有朴素的斜线纹或波浪纹。

战国原始瓷甬钟

1990年出土于杭州半山石塘镇的战国墓中，高39.7厘米。甬钟是一种打击乐器，钟体比较长，是编钟的组成部分，通常用青铜铸造，敲击能发出清亮的金属声。这只甬钟是原始瓷品，用于陪葬。甬钟中空，呈土黄色，两侧前后共有48个枚，也就是钟体表面突起的部分。甬钟表面刻有菱形纹路和指甲纹，看上去精致又漂亮。

tōng bǎo qián
通宝钱

"通宝"是中国自唐初至清末铜币的一种名称，意思是"流通宝货"。后世常在"通宝"二字前加上年号、朝号(国号)，如唐玄宗时期的"开元通宝"，北宋太宗时期的"太平通宝"，南宋理宗时期的"淳祐通宝"，等等。宋朝是中国历史上钱币铸造的高峰期，铸造的钱币数量庞大，品种繁多，工艺精湛。整个宋代一朝，几乎每逢新帝登基或改元，都要铸年号钱。铸年号钱成为宋朝钱币铸行的基本制度和传统。

dìng yáo bái cí kòu yín fěn hé
定窑白瓷扣银粉盒

zhè zhī bái cí fěn hé chéng yuán xíng yóu gài yǔ hé liǎng bù fen zǔ chéng gāo lí mǐ kǒu jìng lí mǐ dǐ jìng lí mǐ bái
这只白瓷粉盒呈圆形，由盖与盒两部分组成，高5厘米，口径10.7厘米，底径7厘米。白

cí fěn hé biǎo miàn shī rǔ bái sè yòu tōng tǐ sù jìng méi yǒu kè huā gài hé hé kǒu dōu xiāng qiàn yǒu yín biān fěn hé nèi bù hái yǒu yī méi
瓷粉盒表面施乳白色釉，通体素净，没有刻花，盖和盒口都镶嵌有银边，粉盒内部还有一枚

yín zhì zhé yè shì duì dié dìng yáo shì sòng dài liù dà yáo xì zhī yī zhǔ yào chǎn dì zài jīn tiān hé běi shěng bǎo dìng shì qū yáng xiàn yī dài zhè
银制折页式对蝶。定窑是宋代六大窑系之一，主要产地在今天河北省保定市曲阳县一带，这

yī dì qū zài táng sòng shí qī shǔ dìng zhōu guǎn xiá suǒ yǐ chēng zhè yī dì qū shāo zào cí qì de yáo kǒu wéi dìng yáo fěn hé shì yī zhǒng yòng lái
一地区在唐宋时期属定州管辖，所以称这一地区烧造瓷器的窑口为定窑。粉盒是一种用来

chéng fàng nǚ xìng huà zhuāng yòng de zhī fěn xiāng fěn děng huà zhuāng pǐn de shū zhuāng qì mǐng táng sòng shí qī cí qì zhì zào shuǐ píng yǒu le hěn dà tí
盛放女性化妆用的脂粉、香粉等化妆品的梳妆器皿。唐宋时期，瓷器制造水平有了很大提

gāo cí fěn hé yóu cǐ shèng xíng kāi lái
高，瓷粉盒由此盛行开来。

越窑青釉四系盘口瓷壶

yuè yáo qīng yòu sì xì pán kǒu cí hú

这只四系盘口瓷壶高34.2厘米，口径14.7厘米，底径9.5厘米，盘口束颈，肩部有四系，腹部呈长圆形，平底。瓷壶上半部施青釉，下部露胎。越窑是中国古代南方制作青瓷的窑口，窑址所在地主要为浙江省上虞、余姚、慈溪等地，因为这一带在古时候属于越州，所以称这里生产瓷器的窑口为越窑。越窑的青瓷晶莹温润，有如玉的触感，色泽是青中带绿，与茶青色相近。唐朝时，越窑瓷器工艺最为精湛，居全国之冠。

céng luán qiū sè tú
《层峦秋色图》

《层峦秋色图》画轴长320厘米、宽25厘米，画中弥漫着一片秋意。画面中云淡天高，深山幽壑，树木用丹砂、赭黄点染。主峰危峙耸拔，峰下有回廊屋宇，溪水潺潺，还有游人在桥上扶着栏杆慢慢行走，悠闲又潇洒。整幅画面突出了秋天明洁淡雅的气息。该画作者是明代画家蓝瑛。蓝瑛，钱塘（今浙江杭州）人，他一生以绘画为职业，曾经漫游大江南北，饱览名胜，因而开阔了眼界，丰富了创作内容，开创了"武林画派"。

人物狮子灰青玉嵌镶牌

rén wù shī zi huī qīng yù qiàn xiāng pái

这块玉嵌镶牌是元代的，牌
长6.5厘米，宽5.1厘米，厚0.7厘
米，玉质滋润，单面雕刻，正面刻
有人物戏狮纹。整个玉嵌镶牌采
用钻孔深雕手法，线条简洁粗犷，
有鲜明的民族风格。背面光素无
纹，凿有几对孔洞，用于佩带。

45

跟我一起学考古

① 发掘前，先仔细调查，收集资料，选定待发掘的地点和对象。

② 带上手铲、毛刷、竹签、洛阳铲等考古工具，前往现场准备发掘。

③ 发掘时，先用大型工具揭去表土，逐步向下挖掘。

④小心取出文物，并用小型工具
清理出土文物上的泥土等附着
物。

⑤发掘结束时，及时对文物现场遗迹
进行清理，并加以保护。

⑥对出土文物进行记录、整理及研究，以
便日后进行相应的文化传播。

47

图书在版编目（CIP）数据

寻找回家的路 / 杭州博物馆主编．— 杭州：浙江
大学出版社，2018.10

ISBN 978-7-308-18640-7

Ⅰ．①寻…　Ⅱ．①杭…　Ⅲ．①文物－中国－少儿读物
Ⅳ．① K87-49

中国版本图书馆 CIP 数据核字（2018）第 218378 号

寻找回家的路

杭州博物馆　主编

文字提供　陈博君　陈卉缘
插画提供　中国儿童绘本原创基地　深圳阿凡丁网络科技有限公司
责任编辑　王雨吟
责任校对　陈静毅　丁佳雯
封面设计　尹　珂
版式设计　黄晓意
出版发行　浙江大学出版社
　　　　　　（杭州市天目山路 148 号　邮政编码 310007）
　　　　　　（网址：http://www.zjupress.com）
排　　版　杭州中大图文设计有限公司
印　　刷　浙江海虹彩色印务有限公司
开　　本　787mm×1092mm　1/12
印　　张　5
字　　数　55 千
版 印 次　2018 年 10 月第 1 版　2018 年 10 月第 1 次印刷
书　　号　ISBN 978-7-308-18640-7
定　　价　48.00 元